THORBECKES

KLEINE

Pralinen-

MANUFAKTUR

JAN THORBECKE VERLAG

INHALT

DIE KUNST, PRALINEN HERZUSTELLEN

Pralinen – klein, fein und köstlich! Grund genug also, diese Häppchen süßen Glücks selbst zu machen und sich und andere damit zu beschenken. Egal ob mit weißer oder dunkler Schokolade, mit fruchtigen Noten wie Orange oder mit würzig-warmen Aromen wie Ingwer oder Zimt, Pralinen sind immer etwas Besonderes.

Dabei ist die eigene Herstellung gar nicht so schwer: Trüffelpralinen werden in der Hand geformt, sodass man hierfür gar keine besonderen Hilfsmittel braucht. Für Formpralinen benötigen Sie eine Pralinenform. Am besten nehmen Sie eine Silikonform, aus der Sie die erkalteten Pralinen einfach herausdrücken können. Sogenannte Schnittpralinen bestehen aus einer festen Füllung und werden meist mit Schokolade ummantelt oder darin eingetaucht. Das Wiener Schichtnougat auf Seite 44 beispielsweise sieht aufgeschnitten wirklich spektakulär aus. Pralinen mit cremiger oder gar flüssiger Füllung gelingen Ihnen am besten mit gekauften Pralinen-Hohlkugeln, die meist ebenfalls noch einmal in Schokolade getaucht und dann mit der Pralinengabel verziert werden können. Eine Pralinengabel ist im Übrigen auch hilfreich, wenn Trüffel vorsichtig in Schokolade getaucht werden sollen. Ein Pralinengitter benötigen Sie, wenn Sie die getauchten Pralinen abkühlen und trocknen lassen wollen. Damit haben Sie die kleinsten Abdrücke auf der Schokolade, für den Anfang tut es jedoch auch ein Bogen Backpapier.

Damit die Schokolade, die Ihre feinen Köstlichkeiten umhüllt, schön glänzt, ist die richtige Temperatur der Kuvertüre wichtig. Eine Anleitung hierfür finden Sie im Rezept auf Seite 27. Das sieht auf den ersten Blick komplizierter aus, als es wirklich ist. Und sollte die

Schokolade dann doch einmal zu heiß werden und nachher etwas stumpf aussehen, machen Sie aus der Not eine Tugend und wälzen Sie die Pralinen einfach noch einmal in Kakaopulver oder Kokosraspeln. Für eine ganz außergewöhnliche Optik probieren Sie doch einmal die Schokotrüffel mit Matcha von Seite 40.

Egal, welches Rezept Sie auch ausprobieren: Haben Sie Freude an der Herstellung und verzagen Sie nicht, wenn etwas misslingt. Meist lässt es sich mit etwas Kreativität noch retten, sonst gilt: Verwöhnen Sie sich selbst mit den kleinen Köstlichkeiten und genießen Sie den feinen Geschmack und die wunderbare Textur!

SCHOKOLADEN-TRÜFFEL

Dieses einfache Grundrezept kann nach Belieben verfeinert werden, beispielsweise mit Vanillemark, Orangenschale oder einer Prise Chilipulver.

ZUTATEN FÜR CA. 25–30 STÜCK

200 g dunkle Kuvertüre | 100 g Sahne | 1 EL Crème fraîche | Kakaopulver zum Wälzen

❶ Die Kuvertüre fein hacken. Die Sahne in einem Topf aufkochen, dann vom Herd nehmen und die Schokolade darin unter langsamem Rühren auflösen. Etwas abkühlen lassen und die Crème fraîche einrühren. Die Masse im Kühlschrank in ca. 3 Stunden fest werden lassen. ❷ Anschließend mit einem kleinen Löffel kirschgroße Portionen abstechen und zwischen den Händen zu Kugeln rollen (dabei sollten die Hände möglichst kalt sein). Die fertigen Trüffel in Kakao wälzen. Am besten luftdicht verpackt im Kühlschrank aufbewahren. So sind sie etwa 1 Woche haltbar.

ZUBEREITUNGSZEIT 45 MINUTEN **KÜHLZEIT** CA. 3 STUNDEN
SCHWIERIGKEITSGRAD LEICHT

ERDBEER-GELEEWÜRFEL

Dieses Rezept ist sehr vielseitig: Versuchen Sie es auch einmal mit anderen Beerenfrüchten wie Himbeeren oder Heidelbeeren.

ZUTATEN FÜR CA. 20 STÜCK

500 g Erdbeeren, tiefgekühlt | 200 g Zucker | 2 TL Agar-Agar | 100 g feiner Zucker zum Wälzen

❶ Die Erdbeeren in einem kleinen Topf mit 1 EL Wasser erhitzen und 5 Minuten köcheln lassen. Durch ein Sieb streichen und den Rückstand entsorgen. 250 ml Erdbeerpüree abmessen. ❷ Das Erdbeerpüree und den Zucker in einen Topf geben. Das Agar-Agar in ein wenig kaltem Wasser anrühren, dazugeben und unter Rühren einmal aufkochen lassen. Etwa 1 TL der Masse auf einen kleinen Teller geben: Wird sie fest, ist die Masse fertig, ansonsten noch etwas Agar-Agar zufügen und nochmals aufkochen. ❸ Eine kleine Form mit Frischhaltefolie auslegen und das Gelee einfüllen. Abkühlen lassen und im Kühlschrank mindestens 1 Stunde erkalten lassen, bis das Gelee schnittfest ist. Aus der Form stürzen und die Folie entfernen. ❹ Das Gelee in Würfel von ca. 2 × 2 cm schneiden und auf Backpapier legen. Etwa 24 Stunden bei Zimmertemperatur trocknen lassen, dabei einmal wenden. ❺ Wenn die Würfel trocken sind, im feinen Zucker wälzen. Die fertigen Geleewürfel kühl aufbewahren.

ZUBEREITUNGSZEIT **45 MINUTEN** KÜHL- UND TROCKNUNGSZEIT **CA. 25 STUNDEN** SCHWIERIGKEITSGRAD **MITTEL**

ORANGEN-MARZIPAN-STANGEN

Mit Orange aromatisiertes Marzipan, umhüllt von Zartbitterschokolade, ist fast schon ein Klassiker. Einfach lecker!

ZUTATEN FÜR CA. 40 STÜCK

125 g Orangeat | 200 g Marzipanrohmasse | 100 g Puderzucker | 150 g Zartbitterkuvertüre | Abgeriebene Schale von 1 Orange

❶ Das Orangeat klein würfeln und mit dem Marzipan und dem Puderzucker verkneten. Die Masse halbieren und jeweils zu einer dünnen Rolle von ca. 1 cm Durchmesser formen. Die Rollen in ca. 4 cm lange Stücke schneiden und evtl. nochmals etwas nachformen. ❷ Die Kuvertüre klein hacken und über einem heißen Wasserbad schmelzen lassen. Die kleinen Stangen in die Schokolade tauchen (dazu am besten eine kleine Gabel verwenden) und auf einem Pralinengitter abtropfen lassen. Mit der Orangenschale bestreuen und die Pralinen trocknen lassen. ❸ Die Pralinen halten sich luftdicht verpackt mindestens 2 Wochen.

ZUBEREITUNGSZEIT **40 MINUTEN** SCHWIERIGKEITSGRAD **LEICHT**

MARZIPAN-KARTOFFELN

Diese selbstgemachten Marzipankartoffeln sind nicht zeitaufwendig und schmecken um Längen besser als die gekauften.

ZUTATEN FÜR CA. 50 STÜCK

250 g Marzipanrohmasse | 250 g Puderzucker | 2 TL Rosenwasser | 3–4 EL Amaretto | ca. 3 EL Kakaopulver

❶ Die Marzipanrohmasse mit dem Puderzucker verkneten. Das Rosenwasser und den Amaretto unter die Marzipan-Puderzucker-Mischung kneten, bis die Masse formbar, aber noch feucht ist. Daraus mit den Händen kleine Kugeln à ca. 2 cm Durchmesser rollen.
❷ Das Kakaopulver sieben, die Marzipankugeln darin wälzen und überschüssigen Kakao vorsichtig wieder abklopfen.

ZUBEREITUNGSZEIT **30 MINUTEN** SCHWIERIGKEITSGRAD **LEICHT**

SCHOKOLADEN-KONFEKT MIT ERDNUSS-BUTTERFÜLLUNG

Dieses Konfekt schmeckt himmlisch nussig-schokoladig. Verwenden Sie glatte oder stückige Erdnussbutter – ganz nach Ihrem Geschmack.

ZUTATEN FÜR CA. 24 STÜCK

330 g dunkle Schokolade, ca. 70 % Kakaogehalt | 130 g Erdnussbutter | 6 EL Zucker | 150 g Sahne | 1 EL Butter

❶ Ein Mini-Muffinblech mit Papierförmchen auslegen. 180 g Schokolade grob hacken und über einem heißen Wasserbad schmelzen. 90 g Jeweils etwa 2 EL davon in die Papierförmchen geben und diese vorsichtig drehen, so dass auch ein kleiner Schokoladenrand entsteht. Leicht abkühlen lassen. Die Erdnussbutter mit 5 EL Zucker 75 g verrühren und jeweils 1 TL auf die Schokolade setzen. ❷ Die Sahne in einem Topf erwärmen. Die restliche Schokolade grob hacken und darin unter Rühren schmelzen lassen. Die Butter und 1 EL Zucker unterrühren. Die Masse leicht abkühlen lassen und das Konfekt damit bedecken. Am besten über Nacht im Kühlschrank abkühlen lassen.

ZUBEREITUNGSZEIT **45 MINUTEN** KÜHLZEIT **CA. 8 STUNDEN**
SCHWIERIGKEITSGRAD **LEICHT**

VEILCHEN-PRALINEN

Veilchenblüten haben ein duftiges, feines Aroma und machen diese schnell gerollten Pralinen zu einer besonderen Köstlichkeit.

ZUTATEN FÜR CA. 30 STÜCK

70 g Walnüsse | 70 g getrocknete Aprikosen | 1–2 TL frisch geriebene Orangenschale | 1 TL frisch geriebene Zitronenschale | 400 g Marzipanrohmasse | getrocknete Veilchenblüten

1 Die Walnüsse und die Aprikosen im Blitzhacker fein zerkleinern. Mit der Orangen- und der Zitronenschale vermischen und mit dem Marzipan zu einer homogenen Masse verkneten. Daraus, möglichst mit kalten Händen, kleine Bällchen formen. Die Veilchenblüten zerkrümeln und auf einen Teller streuen. Die Pralinen darin wälzen und servieren.

ZUBEREITUNGSZEIT **30 MINUTEN** SCHWIERIGKEITSGRAD **LEICHT**

CRANBERRY-EISKONFEKT

Der fruchtig-frische Cranberry-Geschmack harmoniert hervorragend mit der dunklen Schokolade. Dafür lohnt sich der Aufwand wirklich!

ZUTATEN FÜR CA. 40 STÜCK

175 g frische Cranberrys | 3 EL Zucker, evtl. etwas mehr | 1 Ei | 75 g Sahne | 45 g Puderzucker | 225 g Joghurt | 450 g dunkle Kuvertüre | 45 g Kokosfett |

❶ Die Cranberrys mit dem Zucker mischen und mindestens 1 Stunde lang ziehen lassen. Anschließend fein pürieren und nach Belieben nachsüßen. ❷ Eine eckige Form, ca. 20 × 20 cm, mit Backpapier auslegen. Das Ei trennen und das Eiweiß zu steifem Eischnee schlagen. Die Sahne steif schlagen und beides kalt stellen. Das Eigelb mit dem Puderzucker dick-schaumig aufschlagen. Abwechselnd das Fruchtpüree und den Joghurt unterrühren. Den Eischnee und die Sahne unterheben, die Eismasse in die Form geben und glatt streichen. Mindestens 4 Stunden lang gefrieren lassen. ❸ Anschließend das Eis aus der Form stürzen und rasch in kleine Würfel (ca. 2 × 2 cm) schneiden. Diese auf eine Metallplatte setzen und nochmals mehrere Stunden lang, am besten über Nacht, gefrieren lassen. ❹ Die Kuvertüre klein hacken und zusammen mit dem Kokosfett über einem heißen Wasserbad schmelzen, dann etwas abkühlen lassen. ❺ Nur einige Cranberry-Eiswürfel aus der Tiefkühltruhe nehmen und mit der Schokolade möglichst rasch überziehen. Sofort wieder einfrieren. Auf diese Weise alle Eiswürfel glasieren und vor dem Verzehr nochmals 1 Stunde lang gefrieren lassen. ❻ Einfacher geht es, wenn man die Eiscreme zwischen zwei dünnen Waffeln in die Form gibt. So schmilzt das Eis beim Glasieren nicht ganz so schnell.

ZUBEREITUNGSZEIT 1½ STUNDEN KÜHLZEIT CA. 18 STUNDEN
SCHWIERIGKEITSGRAD ANSPRUCHSVOLL

ITALIENISCHE SCHOKOLADEN-TRÜFFEL

Ein wunderbares Rezept aus Bella Italia! Die Mandelkerne und die Amaretti sorgen für den Biss, die Datteln und die Rosinen für die fruchtige Note.

ZUTATEN FÜR CA. 15 STÜCK

80 g getrocknete Datteln, ohne Stein | 70 g Rosinen | 70 g Mandelkerne | 50 g Amaretti | 150 g Zartbitterkuvertüre | 50 g Butter | 2 Eigelb | 2 EL Sahne | 2 cl Rum | Mark von 1 Vanilleschote | Kakaopulver zum Wälzen |

❶ Die Datteln in kleine Stücke schneiden und mit den Rosinen mischen. Die Mandeln hacken. Die Amaretti in einem Gefrierbeutel mit dem Nudelholz zu Krümeln zerkleinern. Mandeln und Amaretti zu den Früchten geben. ❷ Die Kuvertüre klein hacken und mit der Butter über einem heißen Wasserbad schmelzen lassen. Die Eigelbe mit der Sahne und dem Rum in einer Edelstahlschüssel ebenfalls über dem Wasserbad weiß-schaumig aufschlagen. Das Vanillemark unter die Eigelbcreme rühren. Die Schoko-Butter zugießen und unterrühren. Die Nuss-Früchte-Mischung gründlich unterheben. Leicht abkühlen lassen, dann die Masse in einem etwa 30 cm langen und 3–4 cm dicken Streifen auf ein Blatt Backpapier auftragen. Etwas anziehen lassen, dann mithilfe des Backpapiers eng aufrollen und zu einem quadratischen Strang formen. Im Kühlschrank in etwa 3 Stunden fest werden lassen. ❸ Danach aus dem Papier wickeln und in ca. 2 cm lange Stücke schneiden. Diese in Kakao wälzen und nach Belieben einzeln verpacken. Am besten kühl und dunkel aufbewahren.

ZUBEREITUNGSZEIT **45 MINUTEN** KÜHLZEIT **CA. 3 STUNDEN**
SCHWIERIGKEITSGRAD **MITTEL**

ERDBEER-CHAMPAGNER-PRALINEN

Wenn Sie keine frischen Erdbeeren bekommen können, verwenden Sie tiefgekühlte Früchte. Dann brauchen Sie aber etwas mehr Guarkernmehl zum Andicken.

ZUTATEN FÜR CA. 30 STÜCK

350 g weiße Kuvertüre | 180 g Erdbeeren | 6 EL Champagner oder Sekt | 3 TL Ahornsirup | 1 Msp. Vanillemark | ½–1 TL Guarkernmehl | rosa Pfefferbeeren zum Garnieren

❶ Etwa 100 g Kuvertüre klein hacken und über einem heißen Wasserbad vorsichtig schmelzen lassen. Die Erdbeeren waschen, putzen, klein schneiden und mit dem Champagner, dem Ahornsirup, dem Vanillemark und dem Guarkernmehl fein pürieren. Die Sauce kalt stellen. ❷ 30 Pralinenförmchen bereitstellen und die flüssige Schokolade darauf verteilen. Mit einem kleinen Löffel die Kuvertüre in den Förmchen an den Rändern hochziehen, sodass diese dünn mit Schokolade bedeckt sind. Die Förmchen ca. 15 Minuten lang in den Kühlschrank stellen. In der Zwischenzeit die übrige Kuvertüre über dem heißen Wasserbad schmelzen, danach wieder etwas abkühlen lassen. ❸ Die Pralinenförmchen mit der erkalteten Schokolade jeweils etwa zur Hälfte mit der Erdbeersauce auffüllen und mit flüssiger Schokolade bedecken. Mit rosa Pfefferbeeren bestreuen und im Kühlschrank in ca. 30 Minuten fest werden lassen. ❹ Die Pralinen am besten kühl lagern und rasch verzehren.

ZUBEREITUNGSZEIT **30 MINUTEN** KÜHLZEIT **45 MINUTEN**
SCHWIERIGKEITSGRAD **LEICHT**

WEISSE SCHOKOLADEN-TRÜFFEL MIT KOKOS

Weiße Schokolade muss sehr vorsichtig verflüssigt werden, weil sie hitzeempfindlich ist. Aber für Schokoliebhaber sind diese Pralinen ein Muss.

ZUTATEN FÜR CA. 60 STÜCK

650 g weiße Schokolade | 2 EL Honig | 400 ml Kokosmilch | 4 cl Kokoslikör | ca. 60 weiße Pralinenhohlkugeln | ca. 50 g Orangeat | ca. 100 g Kokosraspel

❶ Die weiße Schokolade grob hacken. 300 g davon mit dem Honig in eine Schüssel geben. Die Kokosmilch erhitzen, den Kokoslikör zugeben und etwa die Hälfte auf die Schokolade gießen. Von der Mitte aus mit einem Teigschaber alles cremig verrühren. Dabei nach und nach die restliche heiße Kokosmilch unterrühren. Kurz mit dem Stabmixer glatt und geschmeidig rühren. Abkühlen lassen, dann diese Trüffelcreme mit einem Pralinentrichter in die Hohlkugeln füllen. ❷ Die restliche weiße Schokolade über einem heißen Wasserbad schmelzen und wieder abkühlen lassen. Ein wenig davon in einen kleinen Spritzbeutel füllen. Die Pralinen damit verschließen und trocknen lassen. ❸ Das Orangeat klein hacken und mit den Kokosraspeln auf einem Teller mischen. Die Kuvertüre durchrühren (ggf. nochmals kurz erwärmen) und die Pralinen damit überziehen. Hierzu die Pralinen am besten mithilfe einer Pralinengabel in die Schokolade tauchen. Abtropfen lassen, dann sofort in den Kokosraspeln wälzen und trocknen lassen.

ZUBEREITUNGSZEIT **50 MINUTEN** SCHWIERIGKEITSGRAD: **MITTEL**

PFIRSICH-LAVENDEL-PRALINEN

Das würzig-blumige Aroma des Lavendels passt hervorragend zum fruchtigen Pfirsichlikör.

ZUTATEN FÜR CA. 30 STÜCK

75 g Sahne | 2 g getrocknete Lavendelblüten | 200 g Zartbitterkuvertüre | 2 EL Honig | 2 cl Pfirsichlikör | 1 EL weiche Butter | 500 g Zartbitterkuvertüre zum Glasieren | Rosafarbener Zucker zum Verzieren

❶ Die Sahne aufkochen und den Lavendel einstreuen. Vom Herd nehmen, abkühlen lassen und mindestens 2 Stunden lang, besser über Nacht, im Kühlschrank durchziehen lassen. ❷ Die Kuvertüre klein hacken. Die Sahne durch ein Sieb in einen Topf gießen und mit dem Honig nochmals aufkochen lassen. Vom Herd nehmen und die Schokolade unterrühren. Den Likör und die Butter dazugeben und gut unterrühren. ❸ Eine eckige Form, ca. 10 × 15 cm, mit Backpapier auslegen, die Masse einfüllen, glatt streichen, mit Folie abdecken und im Kühlschrank über Nacht fest werden lassen. ❹ Die Ganache aus der Form stürzen und in etwa 30 kleine Rechtecke schneiden. Die Kuvertüre grob hacken und etwa zwei Drittel davon über einem heißen Wasserbad schmelzen lassen, dabei sollte die Kuvertüre möglichst nicht heißer als 50 °C werden. Vom Herd nehmen, etwa ein Drittel der flüssigen Kuvertüre abnehmen und beiseitestellen. Die restliche gehackte Kuvertüre portionsweise einrühren und schmelzen lassen. Die Masse sollte etwa 28 °C haben. Nun die restliche flüssige Kuvertüre löffelweise unterrühren. Idealerweise hat die Kuvertüre nun etwa 32 °C. ❺ Die Pralinen mit der Kuvertüre überziehen, kurz trocknen lassen und mit dem Zucker dekorativ bestreuen. Mindestens 2 Stunden fest werden lassen.

ZUBEREITUNGSZEIT **1 STUNDE** KÜHLZEIT **MIND. 14 STUNDEN**
SCHWIERIGKEITSGRAD **MITTEL**

BUTTERSCOTCH-KONFEKT

Es ist nicht ganz einfach, den Punkt zu finden, an dem das Konfekt die richtige Konsistenz hat. Aber das Ergebnis ist aller Mühe wert!

ZUTATEN FÜR CA. 64 STÜCK

400 g gesüßte Kondensmilch | 400 g Zucker | 3 EL Zuckerrübensirup | 110 g Butter | 1 EL Zitronensaft

❶ Eine quadratische Form (20 × 20 cm) mit Backpapier auskleiden. Die Kondensmilch mit dem Zucker, dem Zuckerrübensirup und der Butter in einem Topf unter stetigem Rühren bei kleiner Hitze erwärmen, bis sich der Zucker gelöst hat. Dann zum Kochen bringen und ca. 12 Minuten unter ständigem Rühren köcheln lassen. Auch am Topfboden gut rühren, da die Masse schnell anhängt. ❷ Zum Testen, ob das Konfekt fertig ist, am besten 1 TL der Masse in kaltes Wasser tropfen lassen. Bildet sich dabei eine kleine weiche Kugel, hat die Masse die richtige Konsistenz. Ansonsten noch etwas weiter kochen lassen und den Test wiederholen. ❸ Die fertige Masse vom Herd nehmen und den Zitronensaft einrühren. Etwa 1 Minute lang gut durchrühren und anschließend in die vorbereitete Form füllen. 20 Minuten abkühlen lassen, dann mit dem Papier aus der Form heben. Das Papier abziehen und das Konfekt in Quadrate schneiden. Vollständig auskühlen lassen. ❹ Luftdicht verpackt hält sich das Konfekt ca. 2 Wochen.

ZUBEREITUNGSZEIT **30 MINUTEN** KÜHLZEIT **CA. 1 STUNDE**
SCHWIERIGKEITSGRAD **ANSPRUCHSVOLL**

VEGANE ZITRUSTRÜFFEL-PRALINEN

Diese Zitrusträffelpralinen sind einfach köstlich – und das ideale Geschenk für vegane Freunde.

ZUTATEN FÜR CA. 30 STÜCK

100 g weiße vegane Schokolade | 100 g vegane Milchschokolade, z. B. mit Reismilch | Frisch geriebene Schale von 1 Zitrone | 50 g Sojasahne | 50 g Kokosfett | ca. 100 g helles Kakaopulver zum Wälzen

❶ Die beiden veganen Schokoladensorten zusammen grob hacken und über einem heißen Wasserbad schmelzen lassen. Die Zitronenschale, die Sojasahne und das Kokosfett hinzufügen und verrühren, bis eine glatte Masse entstanden ist. In eine flache Schale füllen, abdecken und ca. 2 Stunden lang im Kühlschrank auskühlen lassen. ❷ Das Kakaopulver auf einen Teller sieben. Aus der Pralinenmasse mit einem Teelöffel kleine Bällchen abstechen und zwischen den Händen zu kleinen Kugeln formen. Diese in Kakao wälzen und mit etwas Abstand auf eine Platte setzen. Auf diese Weise die ganze Masse verarbeiten. Die Trüffel ca. 1 Stunde lang kalt stellen, danach sind sie bereit zum Genießen.

ZUBEREITUNGSZEIT **40 MINUTEN** SCHWIERIGKEITSGRAD **MITTEL**

CHAMPAGNER-TRÜFFEL

Diese Trüffel sind elegant und machen richtiggehend süchtig. Außerdem brauchen Sie keine Pralinenhohlkugeln.

ZUTATEN FÜR CA. 30 STÜCK

125 g weiße Kuvertüre | 50 g Butter | 50 g Zucker | 2 cl Champagner oder trockener Sekt | 1 TL Zitronensaft | 300 g weiße Kuvertüre zum Verzieren

❶ Die Kuvertüre klein hacken, über einem heißen Wasserbad schmelzen und wieder abkühlen lassen. Die Butter und den Zucker hellschaumig aufschlagen. Die lauwarme Kuvertüre, den Champagner und den Zitronensaft zugeben. Weiter schlagen, bis eine spritzfähige Masse entsteht. Die Masse in einen Spritzbeutel mit mittlerer Lochtülle füllen und ca. 1,5 cm große Tupfen auf ein mit Backpapier ausgelegtes Backblech spritzen. 2 Stunden lang kalt stellen. Anschließend die Tupfen mit den Händen rasch zu Kugeln formen und ca. 30 Minuten lang tiefkühlen. ❷ Zum Verzieren die Hälfte der Kuvertüre klein hacken und über einem heißen Wasserbad schmelzen, dann etwas abkühlen lassen. Die gefrorenen Kugeln mit einer Gabel in die Kuvertüre tauchen und auf Backpapier antrocknen lassen. Die übrige Kuvertüre in feine Späne hobeln und die Trüffel darin wälzen. ❸ Im Kühlschrank sind die Trüffel ca. 3 Wochen haltbar.

ZUBEREITUNGSZEIT **30 MINUTEN** KÜHLZEIT **CA. 2½ STUNDEN**
GEFRIERZEIT **30 MINUTEN** SCHWIERIGKEITSGRAD **LEICHT**

ESPRESSO-PRALINEN

Wem die Zartbitterkuvertüre zu herb ist, der kann auch die Hälfte durch Vollmilchkuvertüre ersetzen.

ZUTATEN FÜR CA. 30 STÜCK

350 g Zartbitterkuvertüre | 125 g Sahne | 2 EL frischer Espresso | ca. 30 schokolierte Kaffeebohnen

❶ Die Kuvertüre grob hacken und in eine Schüssel geben. Die Sahne einmal aufkochen lassen, über die Kuvertüre gießen und 1 Minute ruhen lassen. Dann beides langsam zu einer gleichmäßigen Masse verrühren. Den Espresso unterrühren. Die Creme in Pralinenformen füllen und die Pralinen mit je 1 Kaffeebohne dekorieren. Mindestens 1 Stunde im Kühlschrank fest werden lassen. ❷ Die Pralinen am besten kühl aufbewahren.

ZUBEREITUNGSZEIT **30 MINUTEN** KÜHLZEIT **MIND. 1 STUNDE**
SCHWIERIGKEITSGRAD **LEICHT**

PRINTEN-KONFEKT

Das Konfekt ist eine echte Alternative zur üblichen Weihnachtsbäckerei. Ihre Gäste werden beeindruckt sein!

ZUTATEN FÜR CA. 80 STÜCK

5 g Pottasche | 2 cl Rum | 250 g Rübensirup | 50 g Zucker | 50 g Mandelblättchen | 40 g Orangeat | 75 g brauner Kandiszucker | ca. 300 g Mehl | ½ TL Zimtpulver | 1 Msp. Anispulver | 1 Msp. Nelkenpulver | 2–3 EL Milch

❶ Die Pottasche mit dem Rum verrühren. Den Rübensirup mit dem Zucker und 3 EL Wasser erhitzen, bis der Zucker gelöst ist. Die Mandelblättchen zerkleinern, das Orangeat fein hacken. Den Kandiszucker in einen Gefrierbeutel geben und mit einem Nudelholz oder einem Fleischklopfer zerkleinern. ❷ Alle trockenen Zutaten mischen, dann mit der Rum-Pottasche und dem Sirup zu einem geschmeidigen Teig verkneten. In Frischhaltefolie wickeln und am besten über Nacht im Kühlschrank ruhen lassen. ❸ Den Ofen auf 180 °C Ober-/Unterhitze vorheizen. ❹ Vom Teig kleine Portionen abstechen, zu Kugeln formen, in Papier-Pralinenförmchen legen und leicht andrücken. Mit der Milch bepinseln und im vorgeheizten Backofen ca. 8 Minuten lang backen. Auf einem Kuchengitter auskühlen lassen.

ZUBEREITUNGSZEIT 1½ STUNDEN RUHEZEIT CA. 12 STUNDEN
SCHWIERIGKEITSGRAD MITTEL

GUGELHUPF-PRALINEN MIT SCHOKOLADE

Die Orangenschale gibt den Pralinen eine frisch-säuerliche Note und ist der ideale Partner für die Süße der Vollmilchkuvertüre.

ZUTATEN FÜR CA. 70 STÜCK

150 g Vollmilchkuvertüre | 100 g Kokosfett | 100 g Puderzucker | 1 EL Kakaopulver | 1 EL Vanillezucker | 1 TL frisch geriebene Orangenschale | kandierte Orangenschalen zum Garnieren

❶ Die Kuvertüre klein hacken und 50 g beiseitestellen. Die übrige Kuvertüre mit dem Kokosfett in Stücken in einer Metallschüssel verrühren und über einem heißen Wasserbad schmelzen lassen. ❷ Den Puderzucker und den Kakao sieben, beides mit dem Vanillezucker und der Orangenschale mischen. Unter die geschmolzene Schokolade rühren und die Masse in kleine Gugelhupfformen füllen. Etwa 30 Minuten abkühlen, dann ca. 2 Stunden lang im Kühlschrank fest werden lassen. ❸ Die übrige Kuvertüre über dem heißen Wasserbad schmelzen, dann wieder etwas abkühlen lassen. Die kandierten Orangenschalen in kleine Stücke schneiden. Die Gugelhupfpralinen aus den Förmchen lösen, je einen kleinen Klecks Kuvertüre darauf geben und mit einem Stück Orangenschale verzieren. Nochmals ca. 1 Stunde im Kühlschrank kühlen. ❹ Danach nach Belieben mit kandierten Orangenschalen servieren. ❺ Die Pralinen am besten luftdicht verpackt und gekühlt aufbewahren. So halten sie sich etwa 3 Monate.

ZUBEREITUNGSZEIT **30 MINUTEN** KÜHLZEIT **CA. 3½ STUNDEN**
SCHWIERIGKEITSGRAD **LEICHT**

SCHOKO-TRÜFFEL MIT MATCHA

Die ideale Aufmunterung bei einem kleinen Zwischentief!

ZUTATEN FÜR CA. 40 STÜCK

250 g dunkle Kuvertüre | 200 g Vollmilchkuvertüre | 200 g Sahne | 2 cl Orangenblütenwasser | 100 g weiche Butter | 5–6 EL Matchapulver

❶ Die beiden Kuvertüresorten hacken und in eine Schüssel geben. Die Sahne einmal aufkochen, über die gehackte Kuvertüre geben und unter behutsamem Rühren schmelzen lassen. Das Orangenblütenwasser nach und nach unterrühren. Die Masse mindestens 5 Stunden lang abkühlen und ruhen lassen. ❷ Die Butter in kleine Stücke schneiden und nach und nach unter die Kuvertüre-Creme rühren. Die Creme in einen Spritzbeutel mit großer Lochtülle füllen und etwa 40 gleich große Halbkugeln auf ein Backpapier spritzen. Mindestens 1 Stunde lang kalt stellen, dann jede Portionen zwischen den Handflächen rasch zur Kugel drehen. In Matchapulver wälzen und kühl lagern.

ZUBEREITUNGSZEIT **45 MINUTEN** KÜHLZEIT **CA. 6 STUNDEN**
SCHWIERIGKEITSGRAD **MITTEL**

MARONEN-SCHOKOTRÜFFEL

Der Duft gerösteter Maroni ist tröstlich und wärmend. Zusammen mit dem Aroma der Orange und der zartschmelzenden Schokolade ein echtes Winterhighlight.

ZUTATEN FÜR CA. 50 STÜCK

200 g Maroni | 200 g Sahne | 1 Stück unbehandelte Orangenschale | 1 Vanilleschote | 250 g Zarbitterkuvertüre | 400 g Vollmilchkuvertüre | 4 cl Kastanienlikör | 100 g weiche Butter

❶ Den Backofen auf 220 °C Ober-/Unterhitze vorheizen. ❷ Die Maroni kreuzweise einritzen und im heißen Backofen ca. 30 Minuten lang rösten, bis die Schale gebräunt und aufgeplatzt ist. Die Maroni etwas abkühlen lassen und schälen. Die Sahne mit der Orangenschale, der aufgeschlitzten Vanilleschote und den geschälten Maroni aufkochen und etwa 10 Minuten lang bei milder Hitze köcheln lassen. Anschließend durch ein Sieb gießen, dabei die Sahne auffangen. Die Orangenschale und die Vanilleschote entfernen und die Maroni durch eine Kartoffelpresse drücken. Abkühlen lassen. ❸ Die Zartbitterkuvertüre und 250 g Vollmilchkuvertüre hacken und eine Schüssel geben. Die Sahne erneut aufkochen lassen, über die Schokolade gießen und mit einem Teigschaber rühren, bis eine glatte Creme entstanden ist. Die Maroni und den Likör unterrühren. Die Butter schaumig schlagen und unter die Kuvertüre-Creme rühren. Beides sollte in etwa dieselbe Temperatur haben. Abgedeckt mindestens 2 Stunden lang kalt stellen, bis die Masse fester und gut formbar ist. Gelegentlich umrühren. ❹ Anschließend mit einem Teelöffel ca. 50 Portionen abstechen. Auf ein Blech oder Teller legen und abgedeckt etwa 1 Stunde lang kalt stellen. ❺ Zum Verzieren die übrige Vollmilchkuvertüre raspeln. Die Trüffelmasse rasch zu Kugeln formen und in der Raspelschokolade wälzen.

ZUBEREITUNGSZEIT **1 STUNDE** KÜHLZEIT **CA. 3 STUNDEN**
SCHWIERIGKEITSGRAD **MITTEL**

WIENER SCHICHTNOUGAT

Diese Nougatschichten sind nicht nur sehr lecker, sondern sehen auch noch spektakulär aus.

ZUTATEN FÜR CA. 75 STÜCK

500 g Sahnenougat | 80 g weiße Kuvertüre | 250 g dunkles Nussnougat | 45 g Zartbitterkuvertüre | 1 kg Zartbitterkuvertüre zum Überziehen

❶ Den Sahnenougat über einem heißen Wasserbad auf 28 °C erwärmen und auflösen. Die weiße Kuvertüre klein hacken und über dem heißen Wasserbad unter Rühren schmelzen, bis sie 34 °C warm ist. Die weiße Kuvertüre unter den Sahnenougat rühren. Mit dem Nussnougat und der Zartbitterkuvertüre genauso verfahren. ❷ Auf eine mit Backpapier ausgelegte Arbeitsplatte zwei Leisten aus Metall mit einer Höhe von mindestens 2,5 cm parallel nebeneinander legen. Ein Drittel des Sahnenougats dazwischen verteilen (ca. 3 mm hoch). Nachdem dieser angezogen hat, die Hälfte des Nussnougats auf die Fläche des Sahnenougats streichen und abkühlen lassen. Ein weiteres Drittel Sahnenougat verteilen, darauf den restlichen Nussnougat. Abkühlen lassen, mit Sahnenougat abschließen. ❸ Die Pralinenplatte in etwa 3 Stunden aushärten lassen. Die Metallleisten entfernen. Die Zartbitterkuvertüre über einem Wasserbad schmelzen und die Unterseite der Platte dünn damit bestreichen. Fest werden lassen. Die Platte wenden, ebenfalls mit der Zartbitterkuvertüre bestreichen, erkalten lassen und den Schichtnougat in ca. 2,5 × 2,5 cm große Würfel schneiden.

ZUBEREITUNGSZEIT **1 STUNDE** KÜHLZEIT **CA. 3½ STUNDEN**
SCHWIERIGKEITSGRAD **MITTEL**

SCHOKOLADEN-MARZIPAN-PRALINEN

Eine Offenbarung für Marzipanfans!
Die Gewürze geben den Pralinen eine weihnachtliche Note,
aber seien Sie ruhig experimentierfreudig.

ZUTATEN FÜR CA. 25 STÜCK

1 Ei | 200 g Marzipanrohmasse | 100 g Zucker | 150 g kalte Butter | 70 g Puderzucker | 1 TL Vanillezucker | 2 EL Kakao | 1 TL Zimtpulver | ½ TL gemahlene Nelken | ½ TL gemahlener Ingwer | 1 cl Rum | 150 g Zartbitterschokolade zum Überziehen | 1 TL Butter zum Überziehen

❶ Das Ei trennen und das Eigelb kalt stellen. Die Marzipanmasse fein reiben und mit dem Zucker und dem Eiweiß zu einem glatten Teig verkneten, der gut zusammenhält. ❷ Die Masse zu einer Rolle von ca. 2,5 cm Durchmesser formen und in ca. 25 Stücke schneiden. Diese zu Kugeln formen, leicht flach drücken und auf ein mit Backpapier belegtes Backblech legen. Etwa 30 Minuten trocknen lassen. ❸ Währenddessen den Backofen auf 175 °C Ober-/Unterhitze vorheizen. Die Marzipanmasse im vorgeheizten Ofen in etwa 10–12 Minuten leicht braun backen. Herausnehmen und auf einem Kuchengitter vollständig auskühlen lassen. ❹ Für die dunkle Teigschicht die Butter in kleine Stückchen schneiden. Die Butter sowie die restlichen Zutaten und das Eigelb in einer Schüssel mit dem Handrührgerät zu einem weichen Teig verrühren. Diesen ca. 15 Minuten lang kalt stellen. ❺ Anschließend gleichmäßig auf die Marzipanböden verteilen und kleine Kuppeln formen. Die Pralinen 30 Minuten lang tiefkühlen. ❻ Die Schokolade grob hacken und mit der Butter über einem heißen Wasserbad schmelzen lassen. Die Pralinen einzeln eintauchen (am besten mit einer Pralinengabel) und auf einem Backpapier trocknen lassen.

ZUBEREITUNGSZEIT **1 STUNDE** KÜHL- UND TROCKNUNGSZEIT **CA. 1½ STUNDEN** SCHWIERIGKEITSGRAD **MITTEL**

GANACHE-CHILI-TRÜFFEL

Diese Trüffel sind opulent und durch die Chilischärfe sehr aromatisch.

ZUTATEN FÜR CA. 40 STÜCK

3 Chilischoten | 75 g Zucker | 150 g Sahne | 1 Msp. Salz | Mark von 1 Vanilleschote | 2 gestrichene TL Chilipulver | 200 g Zartbitterkuvertüre | 250 g Vollmilchkuvertüre | 200 g Butter

❶ Zwei Chilischoten waschen, trocken tupfen und in dünne Ringe schneiden. Mit 1 EL Zucker vermischen. Die dritte Chilischote aufschlitzen. ❷ Die Sahne mit dem restlichen Zucker, Salz, der dritten Chilischote und dem Vanillemark aufkochen und etwa 15 Minuten lang ziehen lassen. Durch ein Sieb abgießen und nochmals erhitzen. ❸ Beide Kuvertüresorten hacken und die heiße Sahne darübergießen. Unter Rühren schmelzen lassen und die Masse mindestens 5 Stunden lang abkühlen lassen. ❹ Die Butter in kleine Stücke schneiden und nach und nach unter die Kuvertüre-Creme rühren. Die Trüffelcreme in einen Spritzbeutel mit gezackter Tülle füllen und in Pralinenförmchen spritzen. Mit den Chiliringen verzieren und bis zum Servieren kalt stellen.

ZUBEREITUNGSZEIT **45 MINUTEN** KÜHLZEIT **MIND. 5 STUNDEN**
SCHWIERIGKEITSGRAD **MITTEL**

TRÜFFEL-STANGEN

Die Trüffelstangen machen optisch etwas her und sind außer der langen Kühlzeit auch nicht besonders aufwendig.

ZUTATEN FÜR CA. 15–20 STÜCK

250 g dunkle Kuvertüre | 200 g Vollmilchkuvertüre | 200 g Sahne | 2 cl Cognac | 100 g weiche Butter | 250 g dunkle Schokolade zum Überziehen | Kakaopulver zum Bestäuben

❶ Beide Kuvertüresorten hacken und in eine Schüssel geben. Die Sahne aufkochen, über die Kuvertüre geben und behutsam rühren. Den Cognac nach und nach unterrühren. Die Masse mindestens 5 Stunden lang abkühlen lassen. ❷ Die Butter in kleine Stücke schneiden und nach und nach unter die Kuvertüre-Creme rühren. Die Creme in einen Spritzbeutel mit großer Lochtülle füllen und ca. 8 cm lange Stangen (ca. 1,5 cm dick) auf Backpapier spritzen. Mindestens 1 Stunde lang kalt stellen. ❸ Zum Überziehen der Trüffel die Schokolade hacken, über einem heißen Wasserbad schmelzen, dann etwas abkühlen lassen und die Trüffelstangen in die Schokolade tauchen. Abtropfen lassen und mit einer Pralinengabel leichte Spitzen ziehen. Trocknen lassen und mit Kakao bestäuben.

ZUBEREITUNGSZEIT **45 MINUTEN** KÜHLZEIT **CA. 6 STUNDEN**
SCHWIERIGKEITSGRAD **MITTEL**

DATTEL-BANANEN-PRALINEN

Diese Pralinen sind wirklich einfach herzustellen und sehr fruchtig. Wenn es noch schneller gehen soll, kaufen Sie blanchierte Mandeln.

ZUTATEN FÜR CA. 30 STÜCK

200 g Mandelkerne | 200 g Datteln, entsteint | 60 g getrocknete Bananenscheiben | 2 EL Kokosraspel | 1 EL Kokosfett | Kakaopulver zum Wälzen

❶ Die Mandeln mit kochendem Wasser übergießen, abschrecken und noch heiß aus den Häuten drücken. Auf einem Küchentuch ausgebreitet mindestens 1 Stunde lang trocknen lassen. ❷ Anschließend Mandeln, Datteln, Bananen und Kokosraspel in einem Mixer fein zerkleinern. Das Kokosfett schmelzen und gut unterkneten. Aus der Masse mit feuchten Händen kleine Bällchen formen und in Kakaopulver wälzen. ❸ Verschlossen und kühl aufbewahrt halten sich die Pralinen etwa 2 Wochen.

ZUBEREITUNGSZEIT **40 MINUTEN** TROCKNUNGSZEIT **CA. 1 STUNDE**
SCHWIERIGKEITSGRAD **LEICHT**

SULTANS-KUGELN

Zusammen mit dem Silberflitter entführen die Sultanskugeln Sie in den Orient.

ZUTATEN FÜR CA. 45 STÜCK

1 EL Sesam | 150 g getrocknete Feigen | 75 g getrocknete Aprikosen | 75 g getrocknete Datteln | 50 g kandierte Orangenschale | 50 g gemahlene Haselnüsse | ½ TL Ras el Hanout | 20 g Honig | 1 EL Rosenblütenwasser | 400 g dunkle Kuvertüre | essbarer Silberflitter

❶ Den Sesam in einer Pfanne ohne Fett rösten, bis er duftet, dann abkühlen lassen. Die Feigen, Aprikosen und Datteln durch die feine Scheibe des Fleischwolfs drehen. Die Orangenschale fein hacken und mit dem Trockenobst und dem Sesam in eine Schüssel geben. Die Haselnüsse, Ras el Hanout, Honig und Rosenblütenwasser dazugeben und alles verkneten. Daraus kleine Kugeln formen und auf Backpapier setzen. Bei Zimmertemperatur mindestens 5 Stunden trocknen lassen. ❷ Die Kuvertüre grob hacken und über einem heißen Wasserbad schmelzen (zur richtigen Temperierung siehe S. 26). ❸ Die Kugeln in die Kuvertüre tauchen, wieder auf Backpapier setzen und mit etwas Flitter bestäuben. Die Schokolade nach Belieben in leichte Schlieren ziehen und fest werden lassen. ❹ Die Sultanskugeln sind etwa 3 Wochen haltbar.

ZUBEREITUNGSZEIT **45 MINUTEN** KÜHLZEIT **MIND. 6 STUNDEN**
SCHWIERIGKEITSGRAD **MITTEL**

KROSSE SCHOKOHÄPPCHEN

Falls es etwas schneller gehen soll, können Sie auch blanchierte Mandeln verwenden.

ZUTATEN FÜR 500 G KONFEKT

50 g Mandelkerne | 40 g kandierte Ananas | 40 g Rosinen | 180 g Vollmilchkuvertüre | 220 g ungesüßte Cornflakes

❶ Die Mandeln mit kochendem Wasser überbrühen, abgießen, abschrecken und noch warm die Kerne aus den Häuten drücken. Auf einem Küchentuch ausgebreitet mindestens 1 Stunde an einem warmen Ort trocknen lassen. ❷ Den Backofen auf 40 °C Umluft vorheizen. Ein Backblech mit Backpapier auslegen. Die Ananas und die Rosinen klein hacken. Die Mandeln ebenso hacken und mit den Früchten gemischt auf dem Backblech verteilen. Die Mischung ca. 10 Minuten im Ofen anwärmen lassen. ❸ Die Kuvertüre hacken und über einem heißen Wasserbad schmelzen lassen. Dann vom Herd nehmen und die Nuss-Früchte-Mischung sowie die Cornflakes zur flüssigen Schokolade geben und alles gut vermischen. Mit zwei kleinen Löffeln Portionen der Masse abnehmen und auf Backpapier setzen. Etwa 4 Stunden trocknen lassen. ❹ Luftdicht verpackt hält sich das Konfekt ca. 2 Wochen.

ZUBEREITUNGSZEIT **50 MINUTEN** TROCKNUNGSZEIT **CA. 5 STUNDEN**
SCHWIERIGKEITSGRAD **LEICHT**

ROSEN-MIRABELLEN-PRALINEN

Rosen und Mirabellen passen sehr gut zusammen, da beides Rosengewächse sind. Zusammen mit der weißen Schokolade ein himmlischer Genuss.

ZUTATEN FÜR CA. 45 STÜCK

450 g weiße Kuvertüre | 2–3 Tropfen Rosenöl | 50 g Sahne | 2 EL Butter | 200 g Mirabellenkonfitüre | 4 EL Roséwein | getrocknete Gojibeeren zum Garnieren

❶ Die Kuvertüre klein hacken und 200 g davon über einem heißen Wasserbad schmelzen lassen. Mit dem Rosenöl aromatisieren. Die Hälfte der flüssigen Schokolade in die Pralinenformen gießen und am besten mit einem Pinsel nach oben streichen, sodass sich ein Rand bildet. Etwa 30 Minuten lang kalt stellen, bis die Schokolade fest ist. Die Kuvertüre evtl. nochmals erwärmen und den Vorgang wiederholen. Danach die Förmchen wieder kalt stellen. ❷ Weitere 100 g Kuvertüre zusammen mit der Sahne und der Butter über dem heißen Wasserbad schmelzen lassen. Die Mirabellenkonfitüre und den Roséwein dazugeben und gut verrühren. Die Füllung in einen Spritzbeutel geben und in die mit Schokolade ausgekleideten Pralinenförmchen spritzen. Die Pralinen etwa 2 Stunden lang kalt stellen. ❸ Anschließend die übrige Kuvertüre schmelzen und die Pralinen damit verschließen. Nochmals mindestens 1 Stunde lang kühlen. Nach Belieben mit Gojibeeren garniert servieren.

ZUBEREITUNGSZEIT 1½ STUNDEN KÜHLZEIT CA. 4 STUNDEN
SCHWIERIGKEITSGRAD MITTEL

ERDBEER-PRALINEN

Diese Pralinen sind der Inbegriff des Frühsommers.

ZUTATEN FÜR CA. 50 STÜCK

60 g Sahne | 1 Dolde Holunderblüten | ca. 600 g Erdbeeren | 1 Blatt weiße Gelatine | 15 g Pektin | 1 TL Zitronensaft | 300 g Zucker | 70 g Glukosesirup | 150 g weiße Kuvertüre | 25 g Butter | 1 EL Holunderblütenlikör | Zucker zum Wälzen | 250 g weiße Kuvertüre zum Überziehen

❶ Die Sahne aufkochen und die Holunderblüten dazugeben. Vom Herd nehmen und mindestens 4 Stunden lang ziehen lassen. ❷ Eine eckige Form (ca. 25 × 25 cm) mit Backpapier auskleiden. Die Erdbeeren entstielen, pürieren und durch ein feines Sieb streichen. ❸ Die Gelatine in kaltem Wasser einweichen. 250 g Erdbeerpüree aufkochen. Das Pektin, den Zitronensaft und 50 g Zucker unterrühren. Bei kleiner Hitze ca. 1 Minute lang kochen lassen, dann vom Herd nehmen. Die Gelatine gut ausdrücken und im heißen Erdbeerpüree lösen. Beiseitestellen. ❹ Den restlichen Zucker, 200 g Erdbeerpüree und den Glukosesirup in einem Topf bei starker Hitze auf 120 °C erhitzen, dann zur Erdbeersauce geben und mit dem Schneebesen 2–3 Minuten lang kräftig rühren. Die Masse in die Form gießen und in ca. 3 Stunden fest werden lassen. ❺ Die Kuvertüre hacken. Die Sahne durch ein Sieb gießen und aufkochen. Mit der Kuvertüre, der Butter und dem Likör verrühren. Im Kühlschrank fest werden lassen. ❻ Durchrühren und auf der Erdbeermasse verteilen. Etwa 12 Stunden lang ruhen lassen. ❼ Die Masse aus der Form stürzen, das Papier entfernen, die Masse in Würfel von ca. 2 × 2 cm schneiden und jeweils mit der Erdbeerseite in Zucker drücken. Die Kuvertüre hacken und über einem heißen Wasserbad schmelzen lassen. Die Würfel mit der Schokoladenseite fast ganz eintauchen. Trocknen lassen.

ZUBEREITUNGSZEIT **2 STUNDEN** KÜHLZEIT **MIND. 19 STUNDEN**
SCHWIERIGKEITSGRAD **ANSPRUCHSVOLL**

KIRSCHLIKÖR-PRALINEN

Falls Sie eine alkoholfreie Variante wünschen, verwenden Sie einfach einen Kirschsaft mit möglichst hohem Frucht- und geringem Zuckeranteil.

ZUTATEN FÜR CA. 25 STÜCK

250 g Zartbitterkuvertüre | 100 g Sahne | 50 ml Kirschlikör | 100 g gemahlene Haselnüsse | Mark von 1 Vanilleschote | Roter oder rosafarbener Dekorzucker zum Wälzen

❶ Die Kuvertüre klein hacken. Die Sahne zum Kochen bringen, vom Herd nehmen, die Schokolade einrühren und darin schmelzen lassen. Den Likör und die Nüsse unterrühren und die Masse im Kühlschrank in ca. 1,5 Stunden fest werden lassen. ❷ Anschließend mit einem Löffel kleine Portionen abnehmen und mit leicht angefeuchteten Händen zu Kugeln formen. Im Dekorzucker wälzen und servieren. ❸ Luftdicht verpackt im Kühlschrank halten sich die Pralinen ca. 2 Wochen.

ZUBEREITUNGSZEIT **30 MINUTEN** KÜHLZEIT **CA. 1½ STUNDEN**
SCHWIERIGKEITSGRAD **LEICHT**

VERLAGSGRUPPE PATMOS

PATMOS
ESCHBACH
GRÜNEWALD
THORBECKE
SCHWABEN

Die Verlagsgruppe
mit Sinn für das Leben

FSC
www.fsc.org
MIX
Papier aus verantwortungsvollen Quellen
FSC® C095359

Für die Schwabenverlag AG ist Nachhaltigkeit ein wichtiger Maßstab ihres Handelns. Wir achten daher auf den Einsatz umweltschonender Ressourcen und Materialien.

www.thorbecke.de

Gestaltung: Finken und Bumiller, Stuttgart
Bildnachweis: Alle Bilder Stockfood GmbH, München
Rezepttexte: Stockfood Rezepteteam (Cathrin Fischer , Elisabeth Gerich und Kathrin Ertl)
Druck: Himmer AG, Augsburg
Hergestellt in Deutschland
ISBN 978-3-7995-0664-9